HÁ BONS MOTIVOS PARA SER MAU?

Jovem pensador

Denis Kambouchner
Ilustrações de Guillaume Dégé
Tradução de Eric Heneault

HÁ BONS MOTIVOS PARA SER MAU?

Editora
ALAÚDE

Copyright © 2008 Gallimard Jeunesse
Copyright da tradução © 2015 Alaúde Editorial Ltda.

Título original: *De bonnes raisons d'être méchant?*

Todos os direitos reservados. Nenhuma parte desta edição pode ser utilizada ou reproduzida — em qualquer meio ou forma, seja mecânico ou eletrônico —, nem apropriada ou estocada em sistema de banco de dados, sem a expressa autorização da editora.

O texto deste livro foi fixado conforme o acordo ortográfico vigente no Brasil desde 1º de janeiro de 2009.

PRODUÇÃO EDITORIAL: EDITORA ALAÚDE
Preparação: Grazielle Gomes da Veiga
Revisão: Silvia Almeida, Olivia Yumi Duarte

EDIÇÃO ORIGINAL: GALLIMARD JEUNESSE
Projeto gráfico: Néjib Belhadj Kacem

Impressão e acabamento: Bartira Gráfica

1ª edição, 2015

Impresso no Brasil

Dados Internacionais de Catalogação na Publicação (CIP)
(Câmara Brasileira do Livro, SP, Brasil)

Kambouchner, Denis
 Há bons motivos para ser mau? / Denis Kambouchner ; ilustrações de Guillaume Dégé ; tradução de Eric Heneault. -- São Paulo : Alaúde Editorial, 2015. -- (Série Jovem Pensador)

 Título original: De bonnes raisons d'être méchant?
 ISBN 978-85-7881-265-2

 1. Filosofia 2. Maldade 3. Literatura infantojuvenil I. Dégé, Guillaume. II. Título. III. Série.

14-13230 CDD-111.84083

Índices para catálogo sistemático:
1. Maldade : Filosofia 111.84083

2015
Alaúde Editorial Ltda.
Rua Hildebrando Thomaz de Carvalho, 60
04012-120, São Paulo, SP
Tel.: (11) 5572-9474
www.alaude.com.br

Obrigado a Lila, Georges, Anissa
e a Myriam, Patricia e Néjib,
por tudo que este livro lhes deve.

Sumário

Não me venha dar lições! — 9

Várias maneiras de agir mal — 13

Um verdadeiro escândalo — 25

Um mais malvado que o outro? — 34

O lado bom da maldade — 44

A dificuldade do filósofo — 53

Quem faz a escolha errada? — 64

Pense nos horizontes — 75

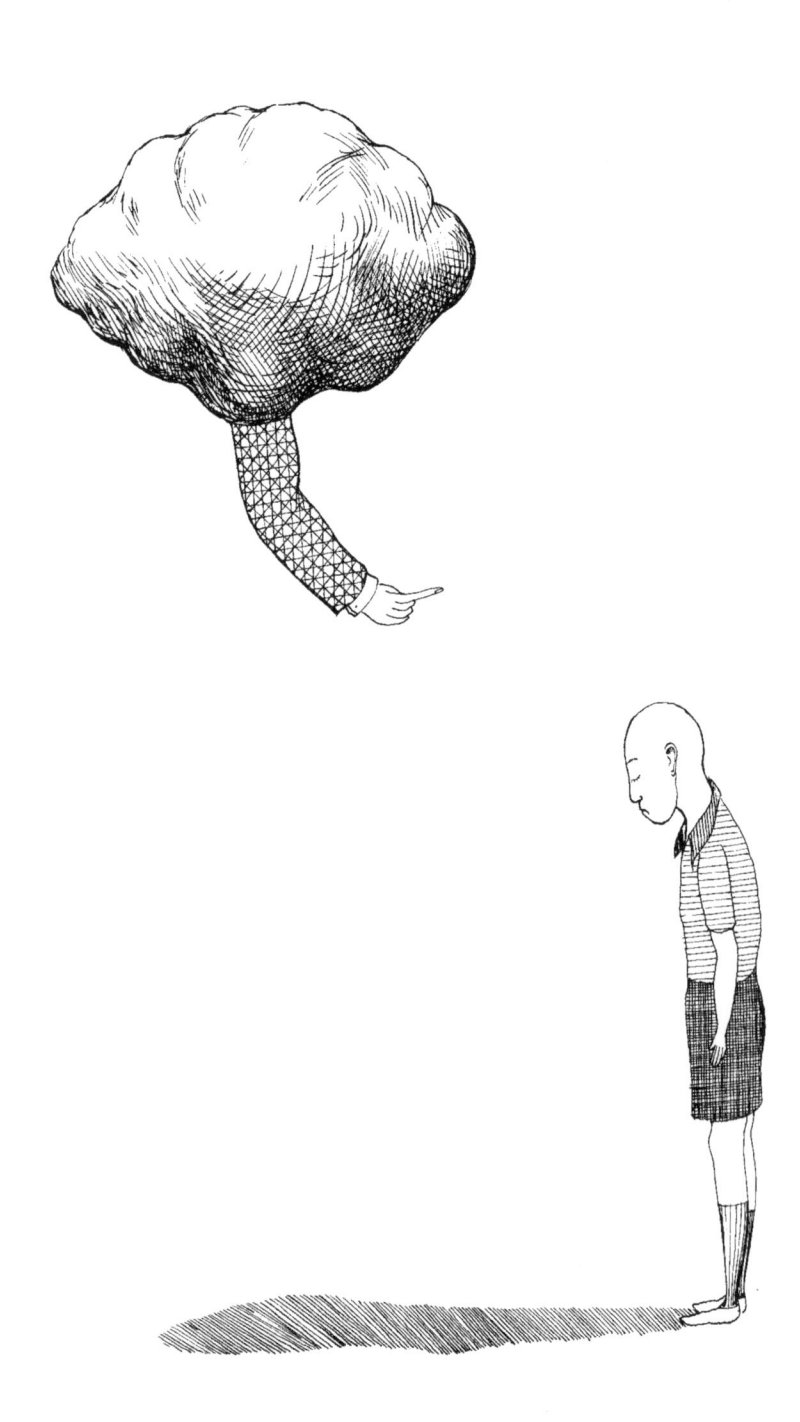

Não me venha dar lições!

Você não gosta de lições de moral, e não está errado por isso. Sabe bem como as coisas acontecem: você faz uma besteira e normalmente está ciente dela, então vem um irmão mais velho, um parente, enfim, um adulto, e faz um longo discurso: "Você entende o que fez? Nunca mais deve fazer algo assim, pense nas consequências!" etc. Embora não se sinta orgulhoso, você não quer escutá-lo por dois bons motivos. Primeiro, porque esse tipo de discurso (a palavra exata é "repreensão") não lhe ensina muita coisa: você já sabe que se comportou mal. Segundo, porque aqueles que repreendem costumam mostrar um ar de superioridade insuportável. Parecem querer dizer:

"Olhe para mim, eu jamais teria feito algo assim". E não é verdade. Embora não haja dúvida de que nunca se deva fazer essa besteira que você fez, é óbvio que ninguém está (ou pelo menos esteve) acima desse tipo de comportamento. Se eles dissessem: "Sei como as coisas são na sua idade, mas veja...", então seria possível tentar conversar, ou melhor, escutá-los, já que os motivos expostos seriam bastante válidos. Em resumo, existem dois problemas.

Por um lado, a moral é um terreno fértil para a hipocrisia. É fácil alguém dar lições e discursar como se estivesse acima de qualquer suspeita. Na verdade, quase ninguém respeita as regras o tempo todo, nem se comporta sempre de forma adequada.

Existe, portanto, um duplo efeito: o efeito das *repreensões*, por trás das quais sempre existem relações de poder – como quando o parente, o professor ou o juiz utiliza o fato de ser parente, professor ou juiz para ser ouvido etc.; e o efeito dos *conselhos*, quando as pessoas parecem aceitar sugestões, escutam belos discursos, compram livros sobre ética etc., apenas para se imaginarem um pouco melhores do que são.

> ética
> Conjunto de princípios e valores que orientam a conduta humana

Por outro lado, as lições de moral têm uma falha: são bastante abstratas. Na ocasião, você tem vontade de responder: "Sim, mas foi diferente... entende?" E, de fato, existe algo que o outro, na sua frente, não está entendendo. Ele não entende o que lhe passou pela cabeça no momento em que "fez a besteira". No entanto, o que lhe passou pela cabeça é exatamente o que o levou a decidir fazer o que fez, o que o autorizou a fazê-lo, embora você soubesse que, em teoria, estava errado.

Isso não quer dizer, de jeito nenhum, que qualquer conversa a respeito de questões morais seja inútil, nem que, nesses assuntos, a verdade não exista; pelo contrário. Porém, ao abordarmos esse tema, precisamos ter em mente todas essas complicações. Senão, mesmo sendo sinceros, acabamos nos iludindo em relação ao que dizemos, em relação à eficácia ou ao verdadeiro sentido de nossas palavras.

Várias maneiras de agir mal

A maldade é uma coisa complicada.

Claro, ela costuma ser praticada por pessoas malvadas. Mas o que quer dizer "malvado"? Ou melhor, *quem* é malvado? Para as crianças, existem muitas pessoas malvadas: aliás, essa é uma palavra recorrente na fala dos pequenos! No limite, para ser chamado de "malvado", basta alguém se recusar a dar o que eles querem! Apesar disso, quando dizemos que alguém é malvado, é porque estamos pensando em algo bem específico.

Acabamos de definir o que é *agir mal*. Porém, quem age mal uma vez nem sempre é malvado. No ato de agir mal, assim como em qualquer outro comportamento (e isso você precisa saber), existem vários graus.

O menos grave é o descuido: sem parar para pensar, sem que seja de propósito, você acaba fazendo alguma coisa errada que traz certas consequências.

Vamos chamar o grau seguinte de desaforo: alguém quer obter algo sem se importar com os meios. "Existe um jeito de fazer as coisas que é proibido ou prejudica os outros? Tanto faz! Na vida é cada um por si, e que vença o mais forte."

Nem o descuidado nem o desaforado querem fazer mal aos outros. O descuidado pede desculpas com sinceridade; o desaforado, não, mas é porque ele não se importa com os outros. Com a maldade é bem diferente: seja

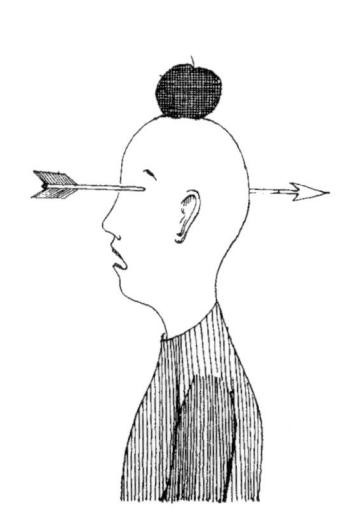

de maneira leve ou cruel, trata-se de ferir, de fazer sofrer. É um grau acima. O "malvado" precisa dos outros e pensa neles como pessoas que devem ser rebaixadas, atormentadas, humilhadas. Para o desaforado (por exemplo, um ladrão), os outros não contam: são instrumentos ou obstáculos. Para o "malvado", eles contam muito: são objetos do seu prazer.

Porém, existem ainda graus de maldade, e, talvez, até tipos distintos.

Primeiro, ela pode ser ocasional, ou seja, limitada a certos casos; mas também pode ser mais habitual e até se tornar sistemática.

Ela também pode ser mais ou menos implacável. É possível tratar alguém de forma maldosa apenas para se exibir, para fazer

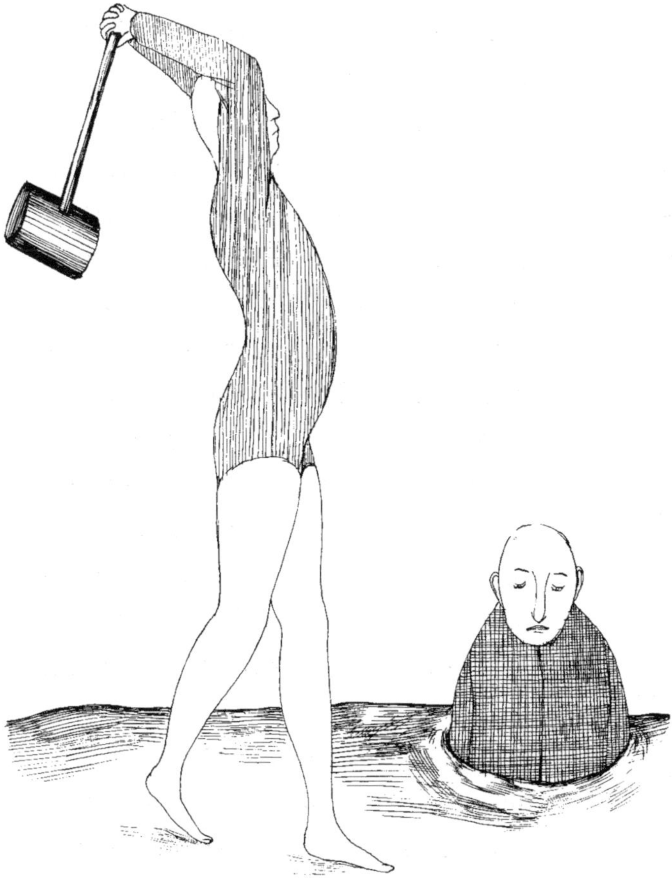

cena. Mas, em geral, é necessário sentir certa disposição em relação a essa pessoa. Aqui, podemos citar as disposições *negativas*, que começam pela desconfiança ou pelo medo e acabam em ódio ou desprezo, passando pela inveja, pelo ciúme (no sentido de querer manter alguém apenas para si) ou ainda pela ira. O caráter implacável ou não da maldade vai depender dessas disposições.

Por exemplo, a desconfiança gera uma maldade apenas preventiva, feita de hostilidade e de recusa em ajudar. A inveja, o ciúme e a ira, por sua vez, são tipos de ódio, porém relativamente delimitados por um motivo especial. Quando a ira se acalma, as pessoas costumam dizer: "Perdi a cabeça, minhas palavras e minha atitude não têm

---

desprezo
Falta de carinho, respeito ou consideração por algo ou alguém

hostilidade
Não consiste em agredir alguém, mas em demonstrar que o consideramos como inimigo ("*hostis*", em latim)

René Descartes
(1596-1650)
Filósofo francês, autor de *Discurso do método*

NÃO HÁ NENHUM VÍCIO QUE PREJUDIQUE TANTO A FELICIDADE DOS HOMENS COMO A INVEJA. OS QUE CARREGAM ESSE DEFEITO, ALÉM DE ATORMENTAREM A SI PRÓPRIOS, TAMBÉM PERTURBAM AO MÁXIMO O PRAZER DOS OUTROS.

Descartes

nada a ver com o que penso". Nesse sentido, o homem furioso se assemelha ao descuidado.

Dessa maneira, o ódio e o desprezo são as maiores alavancas da maldade. São duas disposições (também chamadas de paixões) bastante diferentes, embora possam ser associadas. Uma mulher magoada com um homem pode exclamar: "Eu o desprezo, eu o odeio!", mas se trata de uma relação complexa, e o próprio sentimento é misto. Em geral, não *consideramos* tanto aquilo que desprezamos para poder odiá-lo; ao contrário, gostaríamos de desprezar o que odiamos, mas o problema (o problema do ódio) é que não conseguimos.

Portanto, entre a maldade provocada pelo desprezo e a maldade que nasce do ódio, existem várias

> **paixão**
> Neste caso, significa emoção mais ou menos violenta, relacionada a determinados pensamentos e desejos.
> A paixão pode se tornar obsessiva, incontrolável

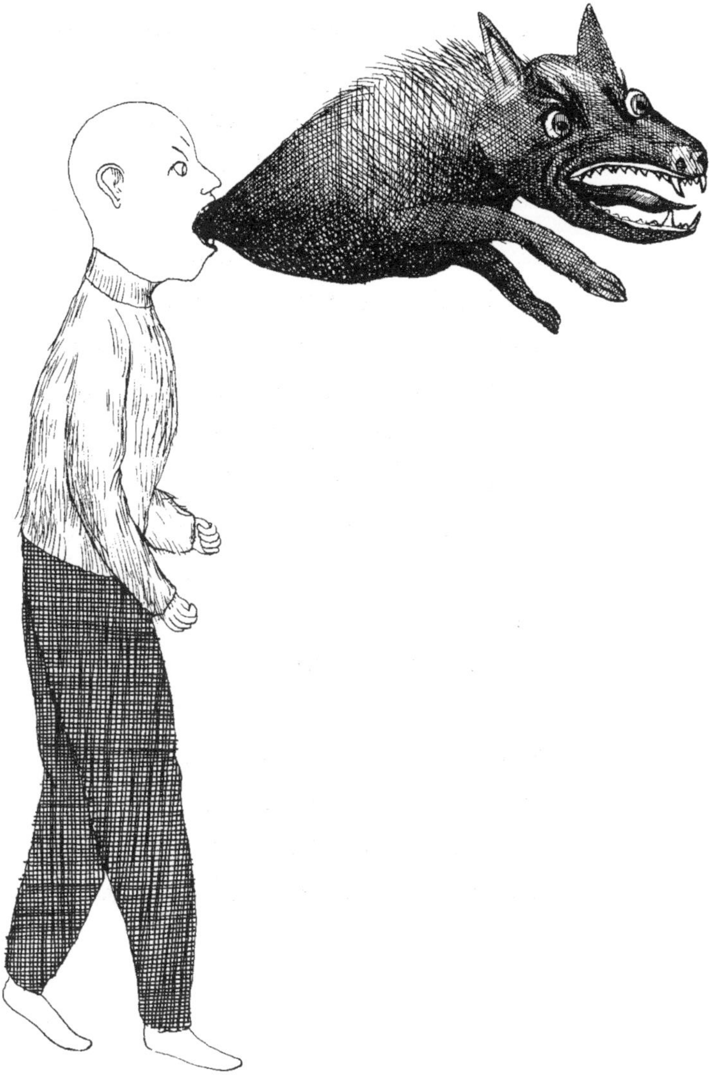

diferenças. O ódio é mais implacável, já que ataca seu objeto de forma *repetida*, enquanto o desprezo quer apenas afastar seu objeto, ou seja, colocá-lo de uma vez em seu lugar, rebaixá-lo.

Por fim, também existem diferentes *formas* de maldade, que podem ser verbais ou físicas. Em geral, o desprezo se manifesta na maldade *verbal*, enquanto o ódio leva à violência *física*, cujas formas extremas são praticadas por torturadores, "carrascos", "sádicos" etc.

Você talvez pense que essas pessoas estão muito além da maldade. Trata-se de monstros cruéis, de perversos criminosos, e podemos até nos espantar com o fato de tais pessoas existirem. No coração delas, em sua alma ou em sua história, procuramos as chaves desse mistério chamado "maldade". Entretanto, se o mal (maldade ou malignidade) é mesmo o que esses indivíduos fazem, podemos dizer que eles são os maiores malvados, os malvados por excelência.

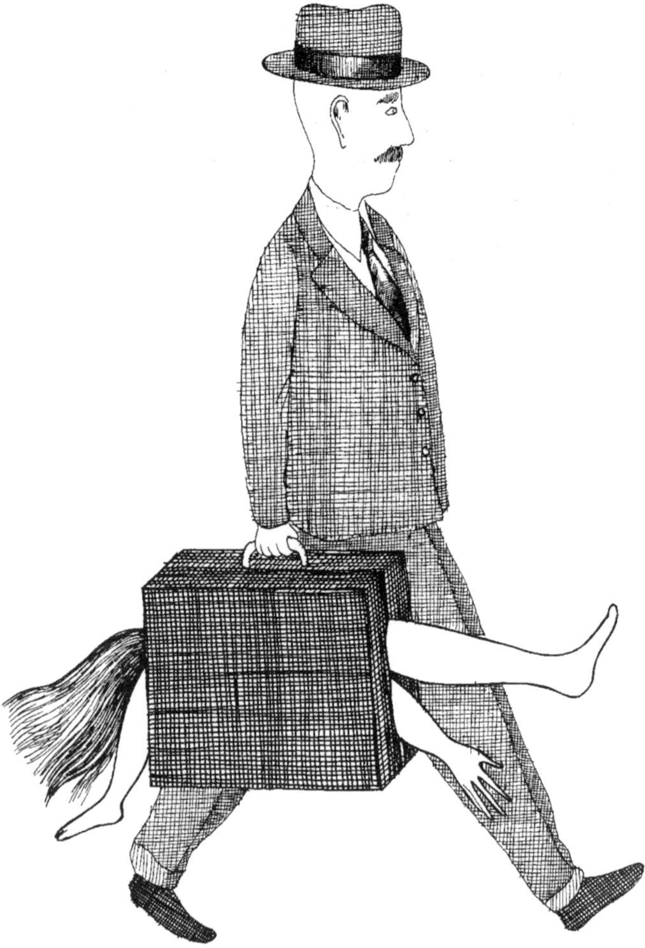

Um verdadeiro escândalo

Agora, vamos pensar na seguinte questão: sob suas formas mais marcantes, a maldade não é apenas relativa a certo tipo de paixão, mas também parece acarretar uma *escolha*. O "malvado" não tem apenas o hábito de fazer sofrer: ele se habituou a isso e "assume" esse comportamento. Ele até pode ter uma "filosofia" própria, uma visão específica da vida. Quem é *depreciativo* tem sua própria doutrina sobre o valor das pessoas; da mesma maneira, quem sente *ódio* considera que tem inúmeros motivos para continuar sentindo.

O pai de todos os filósofos, Platão, já refletiu sobre isso e, provavelmente, antes dele, seu mestre, Sócrates. Nos diálogos de Platão,

> Platão (427-347 a.C.) Filósofo grego. Sua obra consiste em diálogos filosóficos em geral protagonizados por seu mestre, Sócrates

Sócrates insiste no fato de que não podemos querer, ou desejar, o mal em si, como mal: apenas podemos querer (desejar) algo que parece ser o bem. E, por consequência, o homem que comete grandes crimes – Platão o chama de tirano – só pode fazê-lo dizendo a si mesmo que está agindo por bem. A "filosofia" deste tem por finalidade disfarçar de bens os maiores males.

É isso que é curioso. Como o mal extremo pode se justificar? É mesmo possível escolher a maldade? O "malvado", nos piores exemplos, pode se utilizar de bons motivos? E o que chamamos de sua "filosofia" pode ser apenas fingimento?

Em primeiro lugar, a resposta é clara: o "malvado" não pode se valer de falsos motivos. O que o

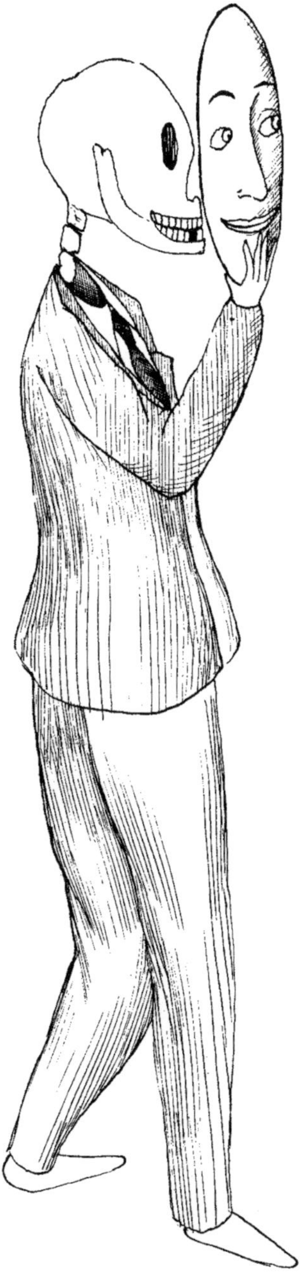

caracteriza, de fato, aos nossos olhos? O fato de ele impor a outras pessoas sofrimentos que não merecem.

Existem casos sobre os quais podemos refletir: por exemplo, quando um preso cumpre uma pena, que o faz sofrer, em teoria ela corresponde, em termos de gravidade, a um mal que ele próprio cometeu. Nesse caso, existe um motivo para que essa pessoa sinta esse sofrimento. Na ação do "malvado", porém está faltando essa relação de causa.

Isso pode ser observado tanto na maldade do desprezo como na maldade do ódio.

Quem manifesta desprezo é rápido em classificar as demais pessoas. Se você se deparar com esse tipo de pessoa, sem dúvida ela vai julgá-la, de qualquer forma. Quem despreza fala que os outros "não valem nada", que "são idiotas" etc. E, se você encontrar uma pessoa assim, serão esses julgamentos que ela vai fazer de você. Ou então ela vai fazer comentários racistas ou sexistas – com a intenção de desmerecer as demais pessoas. Esse comportamento sempre é desagradável, frequentemente revoltante e, às vezes, avassalador. Você sabe muito bem que não fez nada para merecer essas palavras, das quais não pode pedir apelação.

Com o ódio, a situação fica ainda pior, já que não se trata de classificar indivíduos, mas de castigá-los. Ao ser questionado sobre seus motivos, o atormentador sempre evoca um mal anterior que ele ou sua família sofreram.

> apelação
> Ato de recorrer das decisões de um juiz ou tribunal; as decisões judiciais sem apelação não podem ser mudadas

É assim: na origem do mal causado sempre existe um mal sofrido, ou ao menos a ideia desse mal. Portanto, de uma forma ou de outra, o malvado está se vingando. Para ele, o outro é alguém de quem ele deve se vingar. Mas o problema não é só que ele se dá esse direito: ele também está pronto para se vingar de qualquer um e não existe nenhuma relação entre o mal que ele pensa ter sofrido e o mal que comete. Se sua vítima lhe perguntar "por que eu?" ou "o que lhe fiz?", ele sempre terá duas respostas: ou a vítima não fez nada, mas alguém tem que pagar (como na fábula *O lobo e o cordeiro*: "Se não foi você, então deve ter sido seu irmão!"), ou a vítima recebe a culpa de algo em que nunca pensou ou em que ninguém teria pensado, mas que o atormentador sabe, pois ele acredita ser o mais esclarecido dos homens em relação a este assunto.

A não ser que ele se coloque – e às vezes não há nada mais fácil que essa posição – como um simples executante ou intermediário de uma força superior que teria o direito de julgar o que é bem ou mal.

Portanto, não existem verdadeiras razões para explicar o sofrimento causado; não há motivos aceitáveis para a pessoa que sofre nem para um simples observador: é nisso que reside o escândalo. Ou, mais precisamente: nesse escândalo do mal e da maldade, existem dois elementos indissociáveis: a ausência de uma razão válida para o sofrimento causado (com frequência, com

— NÃO MATEI TEU MARIDO.
— ENTÃO ELE ESTÁ VIVO?
— NÃO, ESTÁ MORTO, E PELA MÃO DE EDUARDO.
— MENTES! A RAINHA VIU TUA LÂMINA ASSASSINA COM O SANGUE DELE, A MESMA QUE APONTASTE CONTRA ELA, MAS TEUS IRMÃOS DESVIARAM.
— FUI PROVOCADO PELA LÍNGUA CALUNIOSA DELA, QUE LANÇAVA A CULPA DOS CRIMES DELES SOBRE MINHA INOCENTE CABEÇA.
— TU FOSTE PROVOCADO POR TEU ESPÍRITO SANGUINÁRIO, QUE NUNCA SONHA COM NADA SENÃO CARNIFICINA. NÃO MATASTE ESTE REI?
— RECONHEÇO QUE SIM.

<u>Shakespeare</u>

muita arrogância e má-fé por parte de quem atormenta) e o prazer que é tido como motivo – o puro prazer de fazer mal.

Não se preocupar mais com as boas razões e referir-se a si mesmo como fonte de justiça: esse seria o princípio da maldade. No cúmulo da maldade, no entanto, encontra-se outra ideia, nem tão rara assim, porém bastante incrível: a de considerar o sofrimento alheio o seu próprio bem.

> **William Shakespeare** (1564-1616) Poeta e dramaturgo inglês, autor das peças *Hamlet*, *Sonho de uma noite de verão*, *Ricardo III*, entre outras

Um mais malvado que o outro?

Muito bem, você pode pensar. De um lado, existem pessoas que parecem doentes: aquelas que acreditam ser superiores a todos ou que têm contas a acertar com o mundo inteiro; é o grupo dos "malvados". De outro lado, há pessoas "normais", que refletem, que sabem que não podem possuir tudo, que são como as outras e que existem leis a serem respeitadas etc. Aqueles que entendem isso são os "bons", os "gentis". Tudo isso é muito simples. Mas, então, quais são as complicações?

Primeiro, as pessoas não são iguais, nem são as intenções ou as disposições do coração. Portanto, não podemos fazer como aqueles que praticam o desprezo e acreditar que é fácil classificar as pessoas com quem lidamos. Você deve conhecer histórias de garotos malvados que acabam provando ter bom coração e também casos de pessoas amáveis que, de repente, se mostram frias e detestáveis.

De qualquer modo, o que as pessoas em geral fazem é o resultado das circunstâncias e do ambiente. Produzir malvados não é muito difícil. Da mesma forma, a maldade das pessoas muitas vezes tem mais a ver com suas condições de vida do que com o que elas de fato são.

Além disso, o "malvado" é apresentado como se estivesse sozinho contra todos, o que não é tão simples assim. Com certeza esse é o caso de alguns grandes

O HOMEM É UM SER CONTRADITÓRIO, AINDA MAIS QUANDO É SUBMETIDO A PRESSÕES INTENSAS: ENTÃO ESCAPA DE NOSSO JULGAMENTO, COMO UMA BÚSSOLA SE DESORIENTA NO POLO MAGNÉTICO.

Primo Levi

criminosos, que *querem* ser excepcionais. Contudo, quanto mais descemos na escala da maldade, mais encontramos fenômenos coletivos que dizem respeito tanto ao ódio quanto ao desprezo. Não só os "malvados" podem formar gangues, grupos violentos etc. como também, em uma sociedade como a nossa, existe uma prática conjunta da maldade. Ela se dirige principalmente a tudo o que parece ser não conforme (fora dos padrões) ou indesejável (ou até apenas estranho). Mas a maldade ainda pode caracterizar o dia a dia das relações entre pessoas.

O filósofo que mais estudou essa questão foi Hobbes, creditado como o autor da famosa frase "O homem é o lobo do homem". Segundo ele, todos os adultos

Primo Levi (1919-1987) Químico italiano. Sobrevivente do Holocausto, decidiu escrever sobre os horríveis crimes que testemunhou na obra *É isto um homem?*

Thomas Hobbes (1588-1679) Filósofo inglês que defendeu a monarquia absoluta como meio de pôr fim às guerras civis e religiosas

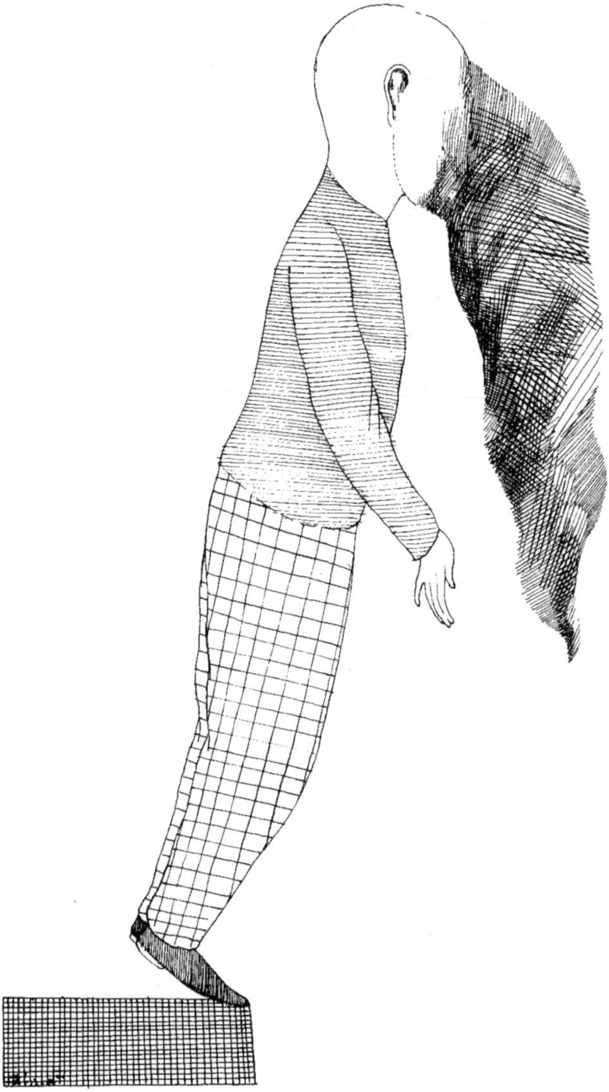

mentalmente saudáveis estão em permanente concorrência uns com os outros. Usufruir bens que outras pessoas usufruem, levar vantagem sobre outros, garantir sua própria segurança tornando-se cada vez mais poderoso: todos pensam nisso o tempo inteiro e, se não houvesse acima deles um poder indiscutível – estabelecido com seu próprio consentimento –, funcionando como um tipo de polícia, só pensariam em montar armadilhas e dar golpes baixos (o que Hobbes chama de "guerra de todos contra todos").

Portanto, são apenas as formas extremas de maldade, as formas *loucas*, que isolam o "malvado" do resto da sociedade, que não é constituída de pessoas "boas". Se as pessoas obedecem a certas

CADA "EU" É O INIMIGO E DESEJA SER O TIRANO DE TODOS OS OUTROS.

Pascal

regras (de conduta, de educação etc.), é porque tiram alguma vantagem disso. As paixões de inveja, ciúme, ódio e desprezo existem no coração de todos. E os progressos da sociedade, em termos de riqueza, organização, requinte etc., não coincidem obrigatoriamente com a redução dessa maldade.

Esse pensamento não é de Hobbes, mas de seu grande sucessor, Rousseau, que disse que a mais requintada sociedade, aquela em que se exigem os costumes mais refinados, também é a dos corações mais insensíveis e da maior hipocrisia. Não é nas grandes cidades, mas no campo, na montanha, entre as pessoas simples, que encontramos os costumes mais generosos e a maior compaixão. Assim, a sociedade de

---

Jean-Jacques Rousseau (1712-1778) Escritor e filósofo nascido em Genebra, na Suíça. Foi crítico da sociedade e dos regimes políticos de sua época

Blaise Pascal (1623-1662) Matemático, físico e filósofo francês

> **Iluminismo**
> Movimento do século XVIII que buscou o progresso das ciências, das técnicas e da civilização

> **civilização**
> Ser "civilizado" é o oposto de ser "selvagem" e "bárbaro". A civilização é associada ao conforto material, a modos mais educados de se portar e à vontade de pensar e agir de forma racional

Paris na época do Iluminismo, com seu luxo, seus artistas, seus eruditos e seus salões, não constituía o mais alto grau da civilização, a não ser que a civilização fosse apenas uma cultura das aparências.

Porém, se de certo modo vivemos em uma sociedade de pessoas malvadas, a maldade não seria algo bastante normal? Nesse caso, qual é o sentido de agirmos como se pudéssemos viver sem ela?

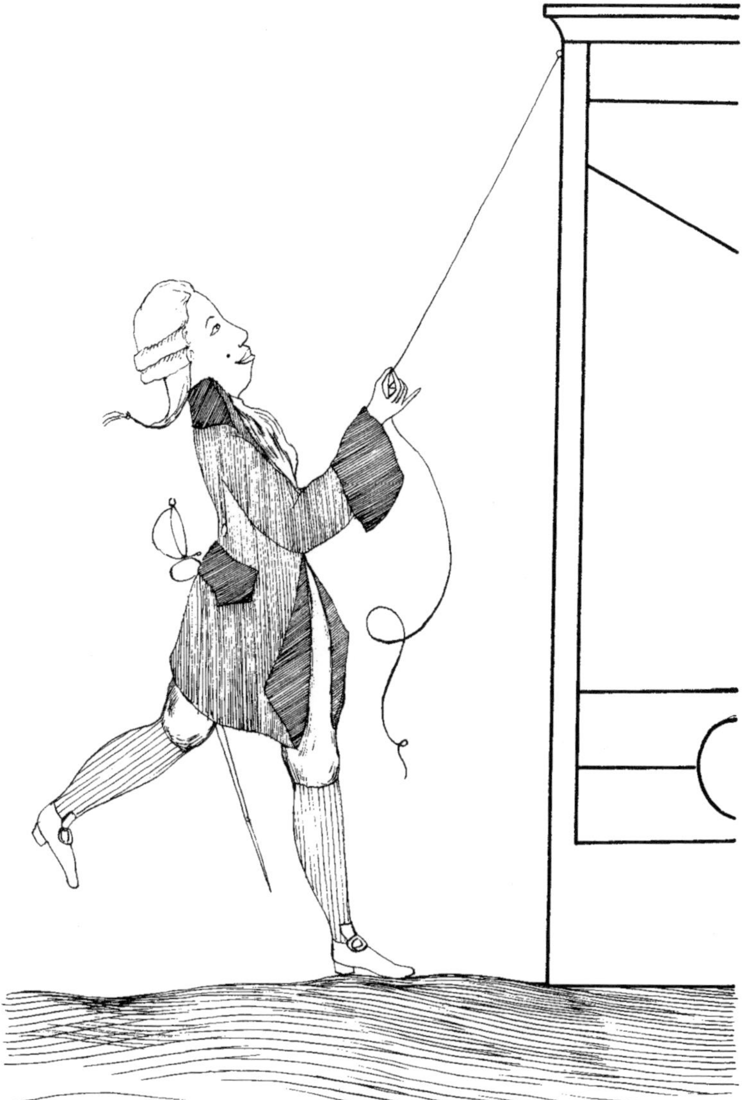

O lado bom da maldade

Se tentássemos *defender a maldade* (em vez de *combatê-la*), teríamos vários argumentos.

Primeiro, em nossa sociedade existe uma "cultura" da maldade. Ela passa pela prática da *zombaria* (ou deboche) e da *caricatura*. Ambas são muito presentes na mídia. E, de fato, o que é mais divertido do que a maldade? Proibi-la tornaria o dia a dia desagradável, triste e tedioso! Nas histórias, os "malvados" sempre são os personagens mais fascinantes; quando não há maldade, é preciso criá-la! Maldoso pode rimar com aventuroso!

Aliás, numa caricatura, ocorrem o realce e a ampliação de certos aspectos da aparência ou do com-

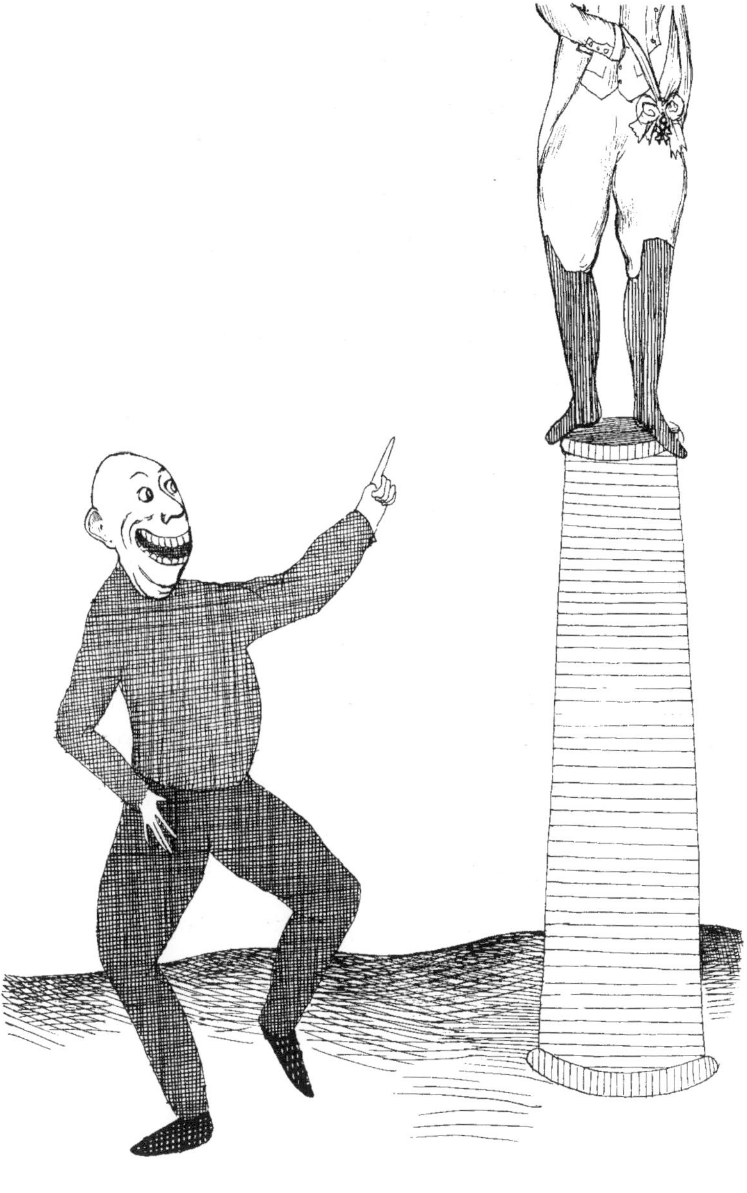

portamento de uma pessoa, para fazer com que pareça "anormal" e, por isso, cômica. Às vezes, essas características são exageradas demais, o que anula o efeito de assimilação, provocando reações do tipo: "Isso não é verdade, ele/ela não é assim!" Mas, às vezes, a caricatura acerta no traço da personalidade que quer destacar. Nesse caso, ela é ao mesmo tempo boa e maldosa: boa porque é bem-feita, maldosa porque é cruelmente perspicaz. Para conseguir isso, é preciso ter talento e dominar uma arte que muitos desenvolvem, sejam pintores, desenhistas, moralistas, polemistas, cronistas, críticos, humoristas etc. Assim, podemos dizer que maldade rima com verdade.

> **polemista**
> Aquele que causa polêmica, divergências, controvérsias

> **Baruch Espinosa** (1632-1677) Filósofo holandês, autor de *Ética*

A ZOMBARIA É UMA ALEGRIA ORIUNDA DO FATO DE IMAGINARMOS QUE HÁ ALGO DE DESPREZÍVEL NAQUILO QUE ODIAMOS.

Espinosa

No entanto, zombar de alguém que sofre, que sofreu ou que morreu não é só maldoso, mas vergonhoso e degradante. É por isso que piadas sobre a morte coletiva de muitas pessoas (catástrofes e, sobretudo, genocídios e ataques terroristas, por exemplo) são sempre repugnantes; e o deboche, quando exercido na forma de escárnio, se torna ignomínia. Mas será que zombar de alguém que fala ou se comporta de forma absurda, odiosa ou pretensiosa, e que não cumpre o papel que deveria ter na sociedade, não se resume apenas em dizer a verdade e "dar o troco"? Nesse caso, parece que maldade rima com equidade.

E você? Gostaria de viver em uma sociedade em que fosse

---

escárnio
Zombaria que demonstra desprezo por alguém

ignomínia
Comportamento desonroso, vergonhoso

equidade
Imparcialidade, julgamento justo

proibido zombar das pessoas – em especial dos dirigentes do país? Claro que não. A democracia sempre previu, de forma construtiva, o direito à zombaria. Em Atenas, o grande autor cômico <u>Aristófanes</u> zombava dos poderosos, dos filósofos e das pessoas comuns. Na democracia, a caricatura bem dosada tem um valor de saudável correção, enquanto a exagerada é tolerada, a não ser quando se torna repugnante – e, nesses casos, existem leis para proteger as pessoas. Dentro desses limites, maldade rima com liberdade.

Rir juntos, mesmo à custa de outra pessoa, supõe ou reforça a existência de certa cumplicidade, isto é, de amizade, ainda que rudimentar, entre aqueles

> **Aristófanes** (c. 445-385 a.C.) Dramaturgo grego, autor de diversas comédias, como *As vespas*, *As aves*, *As rãs*, entre outras

que zombam. Talvez Aristóteles tenha ido longe demais ao qualificar o homem como um animal naturalmente sociável, que gosta de se integrar, de se aliar e compartilhar. Mas, mesmo assim, o prazer de compartilhar, de trocar e de encontrar semelhanças é um dos mais poderosos que existem, e muitas pessoas estão dispostas a renegar boa parte de seus interesses pessoais para escapar da solidão. A vida social não é feita só de relações negativas. No entanto, a triste verdade talvez seja que se associar a um grupo também envolve se distinguir de outro, e que a indicação de um objeto comum de desprezo ou de ódio (estranho ou inimigo) é essencial para estabelecer qualquer forma de cumplicidade

> **Aristóteles** (384-322 a.C.) Filósofo grego, aluno de Platão. Foi por muito tempo considerado o maior dos filósofos

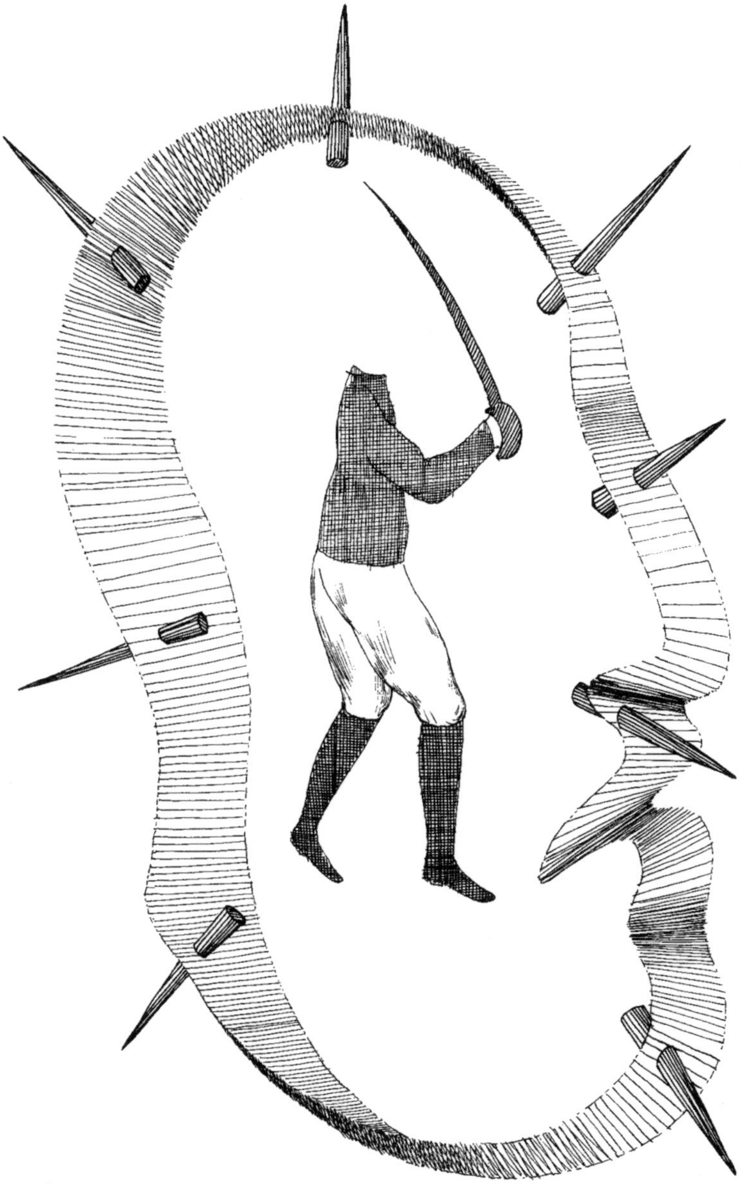

interna de um grupo. A prática de certa maldade, dirigida a algo ou alguém de fora, seria indispensável nessa relação: essa maldade rima com <u>comunidade</u>.

Existiria, então, uma prática aceitável da maldade, quase inofensiva e até benéfica. E, dessa forma, a crítica de Rousseau à sua época não teria fundamento: sim, a sociedade do Iluminismo levou a arte da conversa ao seu mais alto grau, junto com a arte da <u>indireta</u> cruel, mas, como o próprio pensador reconheceu, uma maldade sutil e comedida sempre será melhor do que a brutalidade desenfreada que reinou em outras épocas e lugares.

---

comunidade
Grupo (mais amplo que a família) de pessoas que compartilham tradições e ideias, unidas por um sentimento de pertencimento

indireta
Brincadeira inteligente, às vezes sarcástica, destinada a uma pessoa

A dificuldade do filósofo

Mesmo assim, tudo isso não deixa de ser perturbador. Em primeiro lugar, falar de uma maldade benéfica, isto é, de uma "maldade boa", não parece lógico. A ideia em si é contraditória. A maldade provoca sofrimento, feridas: quem tira proveito disso? Pode ser justo zombar do ridículo, mas não é preciso fazê-lo com maldade. O mesmo vale em relação à desconfiança provocada pela divergência de interesses: ela não justifica a maldade, que, de fato, vai tornar as coisas mais difíceis (aliás, a desconfiança nem sempre é necessária, basta ter prudência).

Por outro lado, quando admitimos que os homens podem

prudência
Cuidado, cautela, precaução

renunciar a parte de seus interesses para se associarem, mas que sempre se associam contra outros interesses, não estamos dizendo que, salvo exceções, os homens são naturalmente inimigos uns dos outros? "Mas, então", vai dizer o malvado, "veja bem: não existe ninguém que queira bem a todos sem exceção! Há pessoas a quem vocês querem mal e das quais gostariam de se

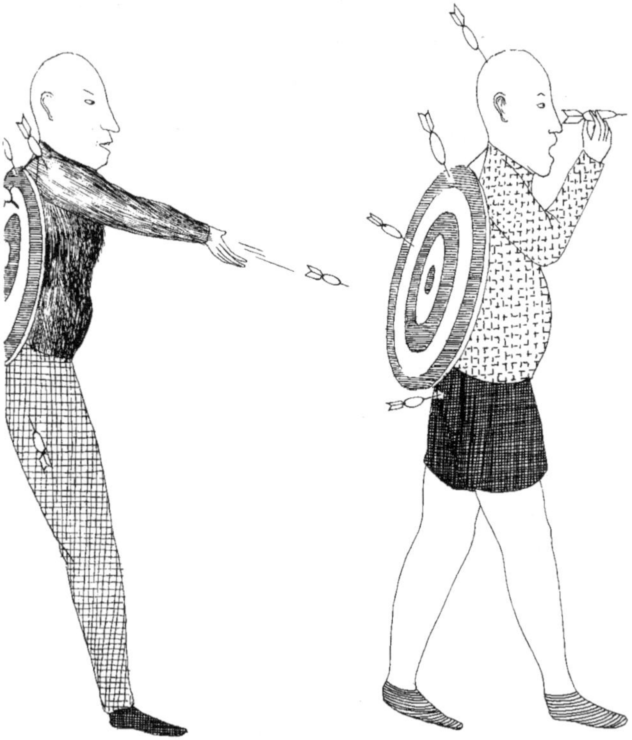

livrar! Todas as pessoas se protegem e, se tiverem de ir à guerra, vão matar e torturar como os outros! Por enquanto, o que os impede de fazer isso é o medo, porque, de outro modo, teriam prazer nisso! Aliás, não aprenderam que não se deve fazer ninguém sofrer, apenas <u>benquerer</u>? Olhem a natureza, os animais: será que eles querem bem uns aos outros? E vocês, querem bem aos coelhos, às galinhas, aos porcos que criam para comer, sem falar das serpentes ou dos insetos? A história do homem não é de guerras, de golpes de Estado, de massacres? Mesmo entre aqueles que pregam o bem, alguns não provaram ser verdadeiros tiranos? Então, por que estão me criticando, senão

benquerer
Querer bem a alguém

pelo fato de eu me atrever a fazer o que vocês não ousam?"

A essa altura, você não sabe bem o que responder. É preciso dizer que o próprio Platão também teve dificuldade. No diálogo chamado *Górgias*, Sócrates se depara com Cálicles, um belo jovem, de boa educação e família nobre, que lhe diz mais o menos o seguinte: "Você, Sócrates, que sempre quer que sigamos a lei e a justiça, e que nos comportemos de forma comedida, você está errado! A verdadeira vida consiste em satisfazer às paixões, algo que os mais fortes fazem! Contudo, isso não agrada a todos, e os menos fortes entram em acordo para impor limites com a ajuda das leis. Portanto, você preza a lei e fica ao lado dos fracos, contra os fortes!"

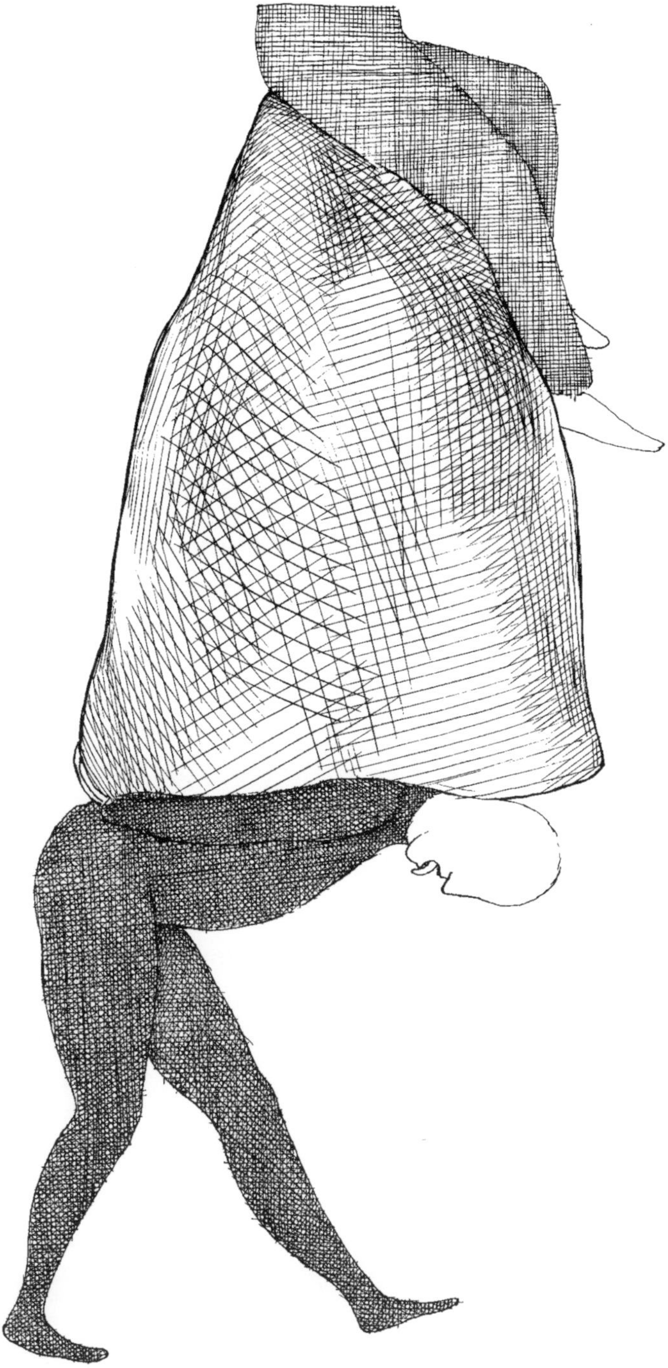

Em resumo, para Cálicles, as pessoas que consideramos "boas" ou que querem sê-lo, na verdade são pessoas fracas, "ruins". Os verdadeiros "bons", aqueles que ousam, vencem e são felizes, são os malvados!

Além disso, em *A república*, o grande diálogo de Platão, um dos interlocutores defende que nunca fazemos o bem pelo bem em si. Ele conta a história de um pastor chamado Giges, um bom homem. Em circunstâncias extraordinárias, ele encontra um anel mágico que torna quem o usa invisível. O que Giges faz então? Não resiste: torna-se invisível, vai até o palácio real, aproxima-se da cama da rainha e, em seguida, mata o rei para tomar seu lugar. A invisibilidade lhe trouxe a impunidade;

> **impunidade**
> Situação na qual um crime ou delito permanece impune, isto é, sem punição

OS HOMENS FAZEM O MAL QUANDO ACREDITAM QUE É POSSÍVEL E QUE SÃO CAPAZES: PENSAM QUE SEUS ATOS NÃO SERÃO DESCOBERTOS OU, SE O FOREM, QUE NÃO SERÃO PUNIDOS, OU QUE, SE HOUVER PUNIÇÃO, ELA SERÁ MENOR DO QUE O PROVEITO QUE TIRARÃO PARA SI MESMOS OU PARA AQUELES DE QUEM CUIDAM.

Aristóteles

e, com a impunidade, todas as virtudes e todas as boas disposições desaparecem.

E você, supondo que tivesse a garantia de nunca ser pego: quanta maldade faria?

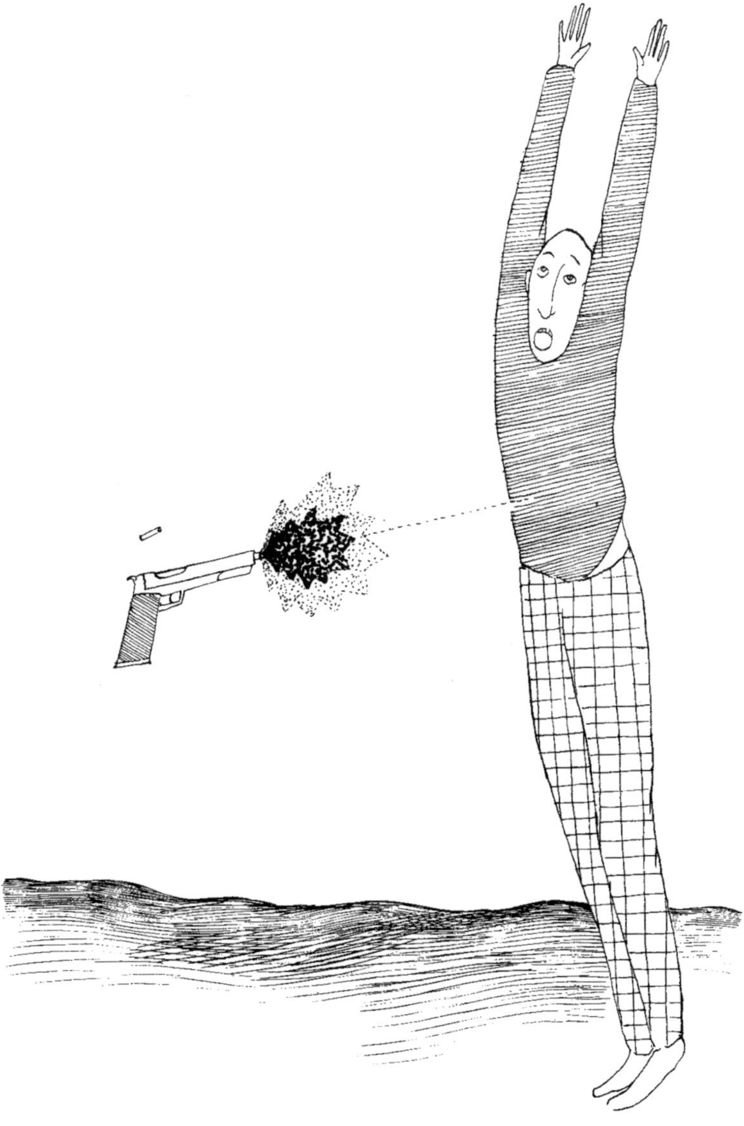

Quem faz a escolha errada?

Se tivesse certeza de que ficaria impune, até onde você iria com sua maldade?

De fato, não há como responder a tal pergunta. Porque sequer temos ideia das condições que nos garantiriam escapar de qualquer castigo.

Em primeiro lugar, aqueles que acreditam em um deus (assim como aqueles que, antigamente, acreditavam em vários) também creem que esse deus vê tudo e que, se não formos punidos pelos homens, seremos castigados pela divindade, seja na forma de um destino terrível, seja após a morte.

Aqueles que não acreditam em divindades também não creem que um homem possa escapar por completo à justiça dos homens: esse poder em si seria sobrenatural.

De qualquer modo, todos nós somos juízes de nossas próprias ações; talvez não tão bons juízes, mas ainda assim juízes. A chamada *consciência moral* pode se mostrar bem fraca ou sufocada por diversas condições e motivos: violência, miséria, exaustão física, drogas, álcool, dependência, doutrinação, pressões psicológicas etc. Já vimos pessoas "comuns", seduzidas por uma ideologia ou persuadidas por outras pessoas (de fato, uma coisa não existe sem a outra), sendo capazes de todos os tipos de horrores. Mais raras são aquelas que, depois de terem cometido crimes, mesmo sob as ordens ou o incentivo de outras, puderam

É VERDADE QUE MUITOS DOS OPRESSORES, DURANTE OU (COM MAIS FREQUÊNCIA) DEPOIS DE SEUS ATOS, PERCEBEM QUE AQUILO QUE FAZEM OU FIZERAM FOI INJUSTO E TALVEZ SINTAM DÚVIDAS OU CERTO MAL-ESTAR, OU ATÉ SEJAM PUNIDOS, MAS O SOFRIMENTO DELES NÃO É SUFICIENTE PARA QUE SEJAM INCLUÍDOS ENTRE AS VÍTIMAS.

Primo Levi

achar o *descanso da consciência*. Para dormir tranquilo depois de ter realizado tais atos, é preciso uma forma peculiar de insensibilidade.

Então, das duas, uma: ou você pensa ter esse tipo de insensibilidade (que, em parte, vem da educação), e, nesse caso, é preciso conversar sobre isso com alguém; ou você é capaz de imaginar ser um tirano sanguinário ou um envenenador, Calígula ou Messalina, porém isso não passa de uma brincadeira de sua imaginação, de pura fantasia.

Agora, será que o fato de não se imaginar como alguém malvado ou criminoso constitui uma fraqueza sua, um efeito do medo? É o que Cálicles parece dizer. Mas, em sua experiência, assim como na de Sócrates, as coisas são

---

Calígula (12-41) Imperador romano famoso por seus crimes. Acabou assassinado depois de quatro anos de poder

Messalina (c. 25-48) Esposa do imperador romano Cláudio, famosa por sua depravação e seus complôs

diferentes. Claro, você odiaria ser preso pela polícia, ter de se apresentar ao juiz etc. Mas, acima de tudo, você teria horror de ver derramamento de sangue, ouvir gritos, saber que alguma coisa ao seu redor foi destruída. Desejar que tudo corra bem, que as coisas estejam da melhor forma possível, parece ser algo totalmente natural, pelo menos se você sempre tiver sido amado e bem tratado.

Entretanto, outros têm sentimentos diferentes; e aqui voltamos ao ódio e ao desprezo. A pessoa que sente desprezo impõe limites: também quer que tudo esteja bem, mas apenas para as pessoas com quem se identifica; as outras podem sofrer, não há problema. Por sua vez, aquela que sente ódio diz a si mesmo: tudo estará bem quando algo estiver arruinado ou destruído.

Será que podemos dizer que as pessoas que querem o <u>bem comum</u> têm razão, que a razão está do lado delas, e não dos outros (os malvados)? Essa é a ideia de Sócrates ao responder a Cálicles. De fato, o que será que aquilo a que chamamos "razão" procura? Como destaca Sócrates, ela procura, ela quer, ela *é* ordem, medida, proporção, geometria, justiça, beleza. Assim, Cálicles pode discursar quanto quiser: quando descarta qualquer noção de medida, a razão não pode estar do seu lado.

Hoje, hesitaríamos em dizer que existe *uma* razão universal para determinar de maneira exata o que é bom, belo, justo etc. Vemos a razão mais como uma capacidade

> **bem comum**
> É o oposto de interesse particular, representando o que é útil e proveitoso para todos (por exemplo, para um país)

individual de examinar as coisas e relacioná-las. Claro, com a ajuda dela, estamos todos de acordo sobre uma série de coisas. Mas, por exemplo, a escolha de um jeito de viver deve depender da razão? Será que existem maneiras de viver mais racionais ou mais razoáveis do que outras? Não temos mais tanta certeza disso. A nosso ver, cada um leva a vida que quer – até o ponto em que isso depende só da pessoa – e ponto final.

Nesse caso, não haveria muito para dizer a quem é "malvado". Pedir-lhe que não faça as outras pessoas sofrerem seria inútil ("E eu, você acha que ninguém me fez sofrer?") E se lhe dissermos: "Cuidado, assim você vai acabar ficando infeliz! Pense no que vai ser da sua vida mais tarde!", ele vai responder que não se importa com o *mais tarde*, que só se interessa pelo que está acontecendo *agora*. Então, por que não dizer a ele (ela) que está se afastando dos outros, de todo mundo? "Sei, mas isso já aconteceu, e o que tenho a perder?" Em resumo, é inútil discutir.

Porém, podemos tentar algo. Por exemplo, pergunte-se o que você gostaria, não para si mesmo, mas para todos. É uma pergunta bastante abstrata, mas, se pensar um pouco, vai encontrar uma resposta como: "Que cada um tenha o que pode ser <u>razoavelmente</u> desejado". Agora, faça a mesma pergunta a alguém que sente desprezo. Se ele for fiel a si mesmo, a resposta será: "Todos aqueles que valem algo precisam ter o que querem; os outros, nada". Vemos que, para ele, "todo mundo"

razoavelmente
Neste caso, significa o que é desejado de forma sensata, ou seja, com a razão e o bom senso

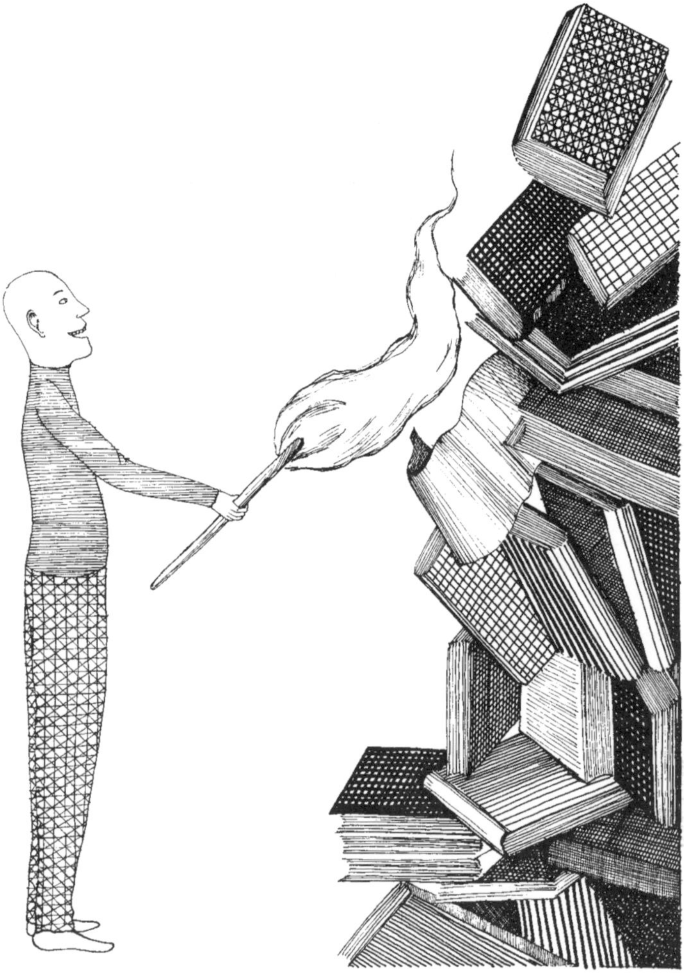

não quer dizer nada. Por sua vez, o que sente ódio vai responder: "O que se precisa fazer é acabar com esse tipo de pessoa, ponto final", mas ficaria bem constrangido se isso acontecesse de verdade.

Como você pode ver, essas respostas não têm sentido. Nem o representante do desprezo nem o do ódio querem, de forma geral, algo sensato.

Platão pensava que tanto na injustiça como na maldade havia uma boa proporção de ignorância e burrice; não a simples ausência de conhecimento ou uma limitação da mente, mas uma *recusa obstinada do saber*. Essa ideia continua valendo.

Uma pessoa que sente ódio, ainda mais que a que sente desprezo, é uma pessoa de uma ideia fixa.

> **obstinado**
> Que não se deixa convencer, ou seja, firme e irredutível

Mesmo que não cause mal nenhum, sempre haverá em sua paixão algo destruidor. Existem coisas mais importantes na vida do que os danos que sofremos, e outras coisas para fazer além de guardar rancor, mesmo que tenhamos bons motivos para isso.

Pense nos horizontes

Mas então você vai me dizer que a lição da filosofia seria: não deve haver nenhum tipo de maldade? Deveríamos ser dóceis como carneirinhos, mesmo que ao nosso redor existam muitas coisas revoltantes? Serenos, obedientes e submissos, aceitando tudo, até mesmo os "malvados"?

Claro que não. A filosofia não quer que sejamos submissos, mas sim *determinados* – determinados primeiro a usar nossa mente, e assim defender a liberdade de pensar e fazer o possível para *ampliá-la*. E como essa liberdade tem inimigos, não vamos evitá-los. Uma coisa é certa: vamos precisar lutar. E isso é benéfico, já que a vida sem luta seria muito tediosa.

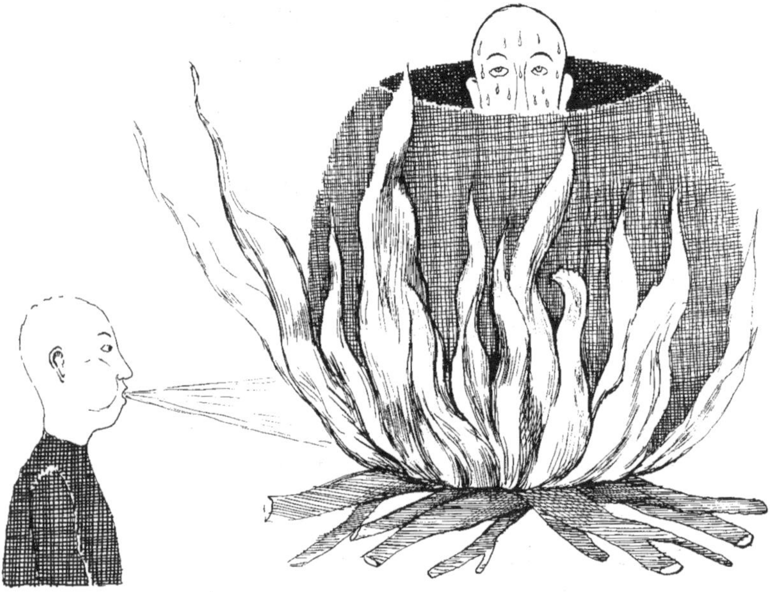

Não há luta sem golpes, golpes que devem ser certeiros, e acertá-los não é nada agradável. Mesmo assim, lutar não significa que devamos ignorar a ternura. A ternura não significa fraqueza. Ela não exclui a variedade ou a intensidade do sentimento. É feita de cuidado, antecipação, firmeza, energia, tudo na medida certa. Não é só aquilo de que podemos usufruir antes ou depois de uma luta: ela se caracteriza pelo próprio combate, quando, por exemplo, evitamos os xingamentos, as ofensas, os golpes baixos, os maus-tratos, tudo o que os "malvados" adoram.

E a quem pertence essa ternura? Não é fácil dizer. De qualquer modo, ela tem a ver com as coisas a que damos valor e com o que acreditamos: está relacionada

AS GRANDES ALMAS NÃO SÃO AQUELAS QUE TÊM MENOS PAIXÕES E MAIS VIRTUDES DO QUE AS ALMAS COMUNS, MAS SIMPLESMENTE AQUELAS QUE TÊM MAIORES PROPÓSITOS.

La Rochefoucauld

ao bem comum. Se você estiver interessado em coisas de fato importantes, que têm a ver com muitas pessoas, e interessado pelas coisas *em si*, e não só por ambição pessoal, vai conhecer essa ternura. E, mesmo que tenha de lutar, você não sentirá ódio de ninguém; vai lutar contra condições que lhe parecem insuportáveis ou em defesa de outras condições que considera desejáveis. Você terá um *horizonte*. O "malvado" não tem um horizonte: no máximo, tem uma meta.

Você, que está no começo da vida, pense nos horizontes. O horizonte não é o que está completamente fora de alcance: é o longe mais próximo e mais apropriado. Sem horizonte, é impossível circular e se firmar: a gente "administra",

> La Rochefoucauld (1613-1680) Aristocrata francês autor de frases e máximas

"muda", "se coloca" e luta, e só. O horizonte não pertence a ninguém, por isso é de todos. Então, quando você for vislumbrar um horizonte, tenha certeza de que ele também é seu. Arrume-se, aproxime-se, vá em frente. E, no que diz respeito aos prazeres, não tenha medo, porque eles não vão faltar.

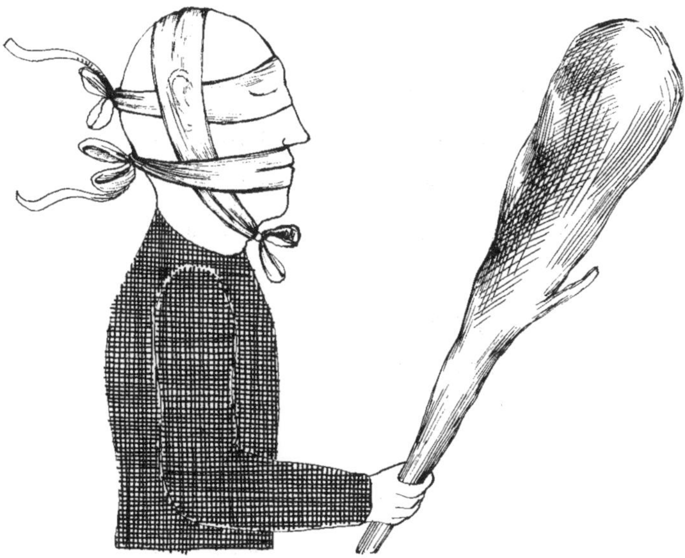

Índice

Este índice reagrupa, em ordem alfabética, os nomes próprios e as palavras cujo sentido foi explicado nos balões coloridos dispostos à margem do texto. Os números remetem às páginas.

apelação: 29

Aristófanes: 49

Aristóteles: 50

Baruch Espinosa: 46

bem comum: 69

benquerer: 57

Blaise Pascal: 41

Calígula : 67

civilização: 42

comunidade: 52

desprezo: 18

equidade: 48

escárnio: 48

ética: 11

hostilidade: 18

ignomínia: 48

Iluminismo: 42

impunidade: 60

indireta: 52

Jean-Jacques Rousseau: 41

La Rochefoucauld: 79

Messalina: 67

obstinado: 73

paixão: 20

Platão: 25

polemista: 46
Primo Levi: 37
prudência: 53
razoavelmente: 71

René Descartes: 18
William Shakespeare: 33
Thomas Hobbes: 37

Sobre o autor

Denis Kambouchner é filósofo e professor de história da filosofia da Universidade de Paris. É especialista no século XVII e autor de vários livros sobre René Descartes. Também já publicou diversos estudos sobre os problemas do trabalho, da educação e da cultura.

Sobre o ilustrador

Guillaume Dégé é ilustrador, editor, curador e professor da Escola Superior de Artes Decorativas de Estrasburgo, na França. É autor de vários livros e colabora com frequência com o jornal *Le Monde*. Suas ilustrações já foram exibidas em diversas exposições e mostras.

Conheça outros títulos da coleção

Amar um pouco, muito... loucamente?
Anissa Castel

Ganhar a vida é perdê-la?
Guillaume le Blanc

Obedecer? Rebelar-se?
Valérie Gérard